冷蔵発酵でかんたん！
発酵生地の焼き菓子レシピ

吉永麻衣子

はじめに

「冷蔵庫で発酵させる焼き菓子の本を作りませんか」というお話をいただいたとき、
パンを専門としている私に1冊できるかな？　というのが正直な気持ちでした。
でも、これまでもイーストを使ったスコーンやパンケーキなどを作っていて
そのおいしさは実感していたので、
「発酵を使えば絶対においしい焼き菓子ができる！」
「誰でも作りやすく、簡単でおいしいお菓子を届けたい！」
そんな思いで何度も試作をしました。

くり返し作って気づいたのは、発酵生地の焼き菓子は魅力がいっぱいだということ。
生地を冷蔵庫で発酵させているときはあまり分からないのですが、
オーブンに入れるとその変化は歴然！
生地が大きくふくらむ様子にびっくりします。
そして味も発酵によって複雑になり、深みを感じられるように。
酵母の力ってすごいな〜とあらためて感じました。

また、面倒な温度調整のいらない冷蔵庫での発酵なので、
時間のあるときに作って、自分の焼きたいタイミングで焼けるのも魅力です。
忙しいママにとって「作りおき」ができるのはうれしいですよね。
そして、冷蔵庫を開けるたびに「おいしくなーれ、おいしくなーれ」と唱えると、
生地がとっても愛おしくかわいく見えてきます。

この本では、身近な材料を使って簡単に作れる「家庭のおやつ」をご紹介しています。
みなさんの普段のおやつや朝食にぜひ役立てていただきたいな、
と思ってレシピを考えました。
家族、お友だち、大切な人と一緒にほおばる手作りおやつは最高です。
愛情込めて焼いたお菓子とともに、幸せな時間をぜひお楽しみください！

吉永麻衣子

CONTENTS

はじめに 2
発酵焼き菓子のポイント 6
基本の材料 8
基本の道具 9

PART1 パウンドケーキ

基本のパウンドケーキ 11
発酵による生地の変化と食感の違い／ 14
　パウンド生地をカップケーキにアレンジ！

オレオとバナナのケーキ 16
キャラメルのケーキ 18
りんごのケーキ 20
マンゴーヨーグルトのケーキ 20
ハニーレモンケーキ 22
メープルくるみケーキ 23

フルーツケーキ 26
栗と紅茶のケーキ 28
抹茶・甘納豆ケーキ 30
こしあんケーキ 30
ベーコンと野菜のケーク・サレ 32

PART2 クッキー＆ビスコッティ

基本のクッキー 35

くるみボール 38
チャイ風クッキー 39
ココナッツサブレ 42
オートミールクッキー 42
ごぼうのクッキー 44
チーズクラッカー 46
たまごボーロ 46
メープルかりんとう 48
ごまかりんとう 48

基本のビスコッティ 50

アーモンド・マーマレードビスコッティ 52
きな粉と白ごまのビスコッティ 54
シナモンのビスコッティ 54

PART 3　スコーン

基本のスコーン	57

チョコスコーン	60
レモン&ココナッツスコーン	62
バナナチップスコーン	64
ヨーグルトスコーン	64
チーズと黒こしょうのスコーン	66
甘酒のスコーン	67
さつまいものスコーン	70
黒オリーブとドライトマトのスコーン	70

PART 4　ドーナツ

| 基本のふわふわドーナツ | 73 |
| 基本のカリカリドーナツ | 73 |

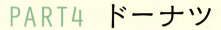

カフェモカドーナツ	78
お花のもちふわドーナツ	80
豆腐ドーナツ	82
ココアドーナツ	84
かぼちゃドーナツ	86
ごまドーナツ	86

PART 5　パンケーキ

| 基本のパンケーキ | 89 |

ココアパンケーキ	92
ココナッツパインパンケーキ	93
クレープ・プレーン	94

本書の使い方

● 大さじ1＝15ml、小さじ1＝5mlです。
● 卵はMサイズ（約50ｇ）、バターは食塩不使用のものを使っています。
● オーブンの焼き時間、温度は目安です。機種により差があるので、
　様子を見ながら調整してください。
● 電子レンジは600Wのものを使用しています。500Wの場合は、
　加熱時間を1.2倍して調整してください。

発酵焼き菓子のポイント

1. 生地を冷蔵庫で発酵させる

この本で紹介する焼き菓子は、生地を冷蔵庫でゆっくり発酵させるのが大きな特徴です。パン作りではイーストを使って常温発酵させますが、室温などによって発酵し過ぎたり、きちんとふくらまなかったりして失敗することもあります。でも、冷蔵庫での発酵ならそんな心配はいりません。一定の温度と湿度で生地がおいしくなるから、とにかく入れておけばOK。冷蔵庫内で小麦粉と水分がなじんで、うま味が増していきます。

2. 少量のイーストでもっちり、しっとり

焼き菓子はベーキングパウダーを使うのが一般的ですが、この本ではドライイーストを使います。発泡力が強いイーストは、もっちり、しっとりとした食感を出すのが得意で、パンに近い焼き上がりに。時間をかけて低温発酵させるため、少量のイーストでできるのも安心です。ベーキングパウダーが得意とする、きめの細かさやホロリと口の中でほどけるような食感を出すのは苦手ですが、今までの焼き菓子とは違う新食感の魅力にはまるかもしれません。

3. ボウルひとつで簡単にできる

家庭で作る焼き菓子は、簡単でおいしいのが一番！ 面倒な準備や後片づけがなければ、「よし、明日も作ろう」という気持ちになれますよね。ほとんどのレシピは、ひとつのボウルに材料を順に加えて混ぜるだけだから、難しいテクニックも必要なし。ちょっと混ぜ方が足りなくても、冷蔵庫で発酵させるうちに自然と材料がなじんで、焼くときにはおいしい生地になっています。そして、少ない道具でできるから、洗いものがラクなのもうれしいポイントです。

4. 酵母の力で同じ生地でも変化を楽しめる

発酵生地は8時間以上経ったら、いつでも焼きたいときに焼けますが、レシピによって最長で10日くらい冷蔵保存ができます。そして冷蔵庫の中でじっくり、ゆっくり発酵が進み、味や食感に違いが生まれます。写真のパウンドケーキは、左は1日、右は3日間発酵させて焼いたもの。3日目のほうがふくらみがよく、食感はしっとり感が増します。では、発酵が進めば進むほどおいしいのか？ というとそうではありません。1日目の弾力のあるもっちりとした食感が好みの人もいますし、2日目、3日目が好みの人も。同じ生地でこうした変化を楽しめるのは、発酵生地ならでは。ぜひいろいろ作ってお気に入りをみつけてください。

5. 冷蔵庫に生地をストックすれば、焼きたてを食べられる

家族に手作りのおやつを食べさせたい……と思っても、そのための時間がとれない人も多いのでは？ 毎日おやつの時間にイチから作るのは難しいかもしれませんが、生地さえ作っておけば、あとはオーブンに入れるだけ、フライパンで焼くだけであっという間に完成です。夜や週末など、まとまった時間のあるときに生地を作って冷蔵発酵、あとはおやつタイムに焼きたてを食べられるのも発酵生地だからできること。生地のストックがあれば手作りおやつのハードルがぐんと下がります。

基本の材料

本書で使っている主な材料を紹介します。基本的に手に入りやすいものでOKです。

卵
ふんわりとした食感とコクのある味わいは卵を加えることで生まれます。本書ではMサイズを使用。

インスタントドライイースト
酵母を乾燥させたもの。発泡力が強く、大きな気泡が生地をふくらませ、もっちり食感に。

バター
独特の風味とコクのある味わいで、リッチな焼き上がり。本書では食塩不使用タイプを使用。

塩
少量加えることで、甘さを引き立ててくれます。種類はいろいろあるけれど、好みのものを使って。

砂糖
甘さを加えるだけでなくイーストの働きがよくなり、発酵を促進する効果も。指定以外は好みのものでOK。

牛乳
イーストをふやかしておいたり、生地にまろやかさを加えてくれる素材。成分無調整の牛乳を使用。

薄力粉
強力粉にくらべて粒が細かく、グルテンの量が少ないのが特徴。スーパーなどで手に入るものでOK。

強力粉
パンに使われる粉で、グルテンの量が多く、粘り強い生地に。薄力粉と合わせてドーナツなどの生地に使用。

オリーブオイル
独特の香りがあるため、風味をつけたいレシピに使用。あればエキストラバージンオイルがおすすめ。

ココナッツオイル
商品によって香りの強さなどが変わります。本書では、ほんのり香ばしい香りのするオイルを使用。

太白ごま油
クセがなく香りや風味も強くないので、どんなレシピにも合わせやすい。バターとくらべると、軽い仕上がりになります。

メープルシロップ
独特の香りとやさしい甘さはパンケーキのシロップとしても人気。砂糖の代わりに生地に混ぜても風味がよくなります。

バニラオイル
バニラの風味をつけたいときに使用します。バニラエッセンスにくらべ、加熱しても香りが残るので、焼き菓子向きです。

基本の道具

特別なものはなく、ほとんど家にある道具で作れます。保存容器は用途に合わせて使い分けています。

ボウル
材料を混ぜ合わせやすい直径30cmくらいのものと、イーストを溶かしたり、刻んだ材料を入れたりするのに使う直径10cmくらいのボウルがいくつかあればOK。

はかり
材料を正確に計量できるデジタルスケールがあると便利。1g単位で量れるもので十分です。

泡立て器
材料を混ぜ合わせるのに使用。ボウルの大きさに合った使いやすいものを。

ゴムべら
粉類を練らないように混ぜるときなどに使用。シリコン製のものが扱いやすくておすすめ。

カード
バターを粉の中で刻みながら混ぜたり、生地を台に移動させるときなどに使用します。

めん棒
クッキーやスコーン生地をのばすのに使用。パン生地用の、空気を抜きながら生地をのばせるタイプがおすすめ。

パウンド型
家族で食べやすいサイズの17.8×8.7×6cmのパウンド型を使用。フッ素樹脂加工のタイプを選ぶと型離れがよいのでラクです。

保存容器
発酵生地の状態で使い分けます。大きいサイズは成形した生地の保存用、高さのあるものはスコーン用、浅いものはクッキー用に。小さくて深いものは、パンケーキなど生地がゆるめで発酵の進むタイプに使用。

ラップ
生地をひとまとめにして発酵させたり、ラップの間に生地をはさんでのばしたりするときなど、何かと便利に使えます。

オーブンシート
クッキーやスコーンを焼くときに天板に敷きます。くり返し使えるタイプもありますが、使い切りタイプでOK。

軍手
オーブンから天板やパウンド型を取り出したり、焼きたてのお菓子を持つのに便利。焼成直後は熱いので必ず二重にして使用します。

ケーキクーラー
焼きたてのお菓子はそのまま置かず、ケーキクーラーなどにのせて粗熱をとります。ひとつあると便利です。

＊パウンド型の詳細はP.96を参照

PART1

パウンドケーキ

材料を混ぜたら型に入れて、そのまま冷蔵庫で発酵。
食べたいときに型ごとオーブンに入れて
焼くだけでおやつタイムにできる
手軽さがうれしいパウンドケーキです。
発酵時間によって生地のふくらみや味が変わるため、
いろいろ試して好みの食感をみつけてください。

基本のパウンドケーキ
▷作り方：P.12

基本のパウンドケーキ

具材が何も入らないプレーンタイプのパウンドケーキです。
熟成された生地のおいしさをシンプルに感じられるから
はじめはプレーンから試してみてください。

材料（17.8×8.7×6cmのパウンド型1台分）
バター…70g
砂糖…70g
卵…2個

A
| 薄力粉…100g
| 塩…ひとつまみ

B
| インスタントドライイースト…小さじ1/2 (2g)
| 水…大さじ1

下準備
【生地作り】
＊バターは室温にもどすか、電子レンジで30秒くらい加熱してやわらかくする。
＊卵は室温にもどし、ボウルに割りほぐす。
＊Bの材料を合わせてドライイーストをふやかしておく。

【焼成】
＊オーブンを180℃に予熱する。

Bの水にイーストを重ならないようにふり入れる。

作り方

> 生地作り

1. バターと砂糖を混ぜる

大きめのボウルにバターを入れ、泡立て器で軽く混ぜる。バターがクリーム状にやわらかくなっていればOK。

砂糖を一度に加えてよく混ぜる。

2. 卵を加えて混ぜる

卵を半量加えてよく混ぜる。

完全に混ざったら残りの卵を加えて、同様によく混ぜる。

3. 粉類を混ぜる

Aを合わせてふるいながら加える。

ゴムべらでボウルの底から生地を返すようにして、練らないように混ぜる。

4. ドライイーストを加える

粉が見えなくなり、均一になったら混ぜ終わり。

Bのイーストがすべて水に沈んでいるか確認する。
＊溶けないので水分を含んでいればOK。

ボウルにイーストを一気に加え、ゴムべらで均一になるまで混ぜる。

5. 型に流す

型に生地を流し入れる。

ゴムべらで生地の表面を平らにならす。

発酵

6. 冷蔵庫で発酵させる

ラップをしっかりとかけて、冷蔵庫に入れる。8時間〜3日間おいて発酵させる。

焼成

7. 焼く

8時間ねかせたら、好みのタイミングで冷蔵庫から取り出し、ラップを外して180℃のオーブンで25分焼く。焼き上がったら型から取り出し、ケーキクーラーなどにのせて冷ます。
＊写真は一晩発酵させたもの。

保存するときは、粗熱がとれたらラップで包んで常温で保存。3日を目安に食べきる。

\ でき上がり /

発酵による生地の変化と食感の違い

パウンドケーキは型に入れたまま発酵させて焼くので、生地に大きな気泡が入るのも特徴。イーストは酵母菌なので、低温の冷蔵庫の中でも糖を原料にして発酵を続けます。そのため、発酵時間によって生地の状態も変化し、食感や味が違ってきます。

1日目 / 3日目

生地

粉類と水分がなじんでいるが、全体に白っぽい。

生地の状態がなめらかで、1日目とくらべると黄色っぽくなっている。

焼き上がり

全体にふっくらとふくらんでいるが、高さは出ていない状態。

全体によくふくらんでいて、高さも出ている状態。

食感

ふくらみが少ない分、生地がぎっちりと詰まってもちもちした食感。

1日目にくらべ、もちもち感よりもしっとりとした食感が強い。

パウンド生地をカップケーキにアレンジ！

パウンド型がなかったり、違うおやつも楽しみたい……。そんなときは紙製のマフィンカップを使ってカップケーキにしてみましょう。見た目もかわいく、持ち歩きもしやすいのでプレゼントとしても喜ばれそうです。

材料（直径4cm×高さ3.5cmのマフィンカップ6個分）

パウンド生地（好みのもの）…1台分

作り方

1. 好みのパウンド生地を作る。
2. マフィンカップの8分目まで生地を入れ（**a**）、ラップをかけて冷蔵庫で発酵させる。
3. 180℃に予熱したオーブンで15分焼く。焼き上がったらケーキクーラーなどにのせて冷ます。

オレオとバナナのケーキ

オレオクッキーの食感とほろ苦さ、クリームの甘さがほどよいアクセントに。
バナナはフォークでつぶしてペースト状にして加えると、生地がふっくらとします。

材料（17.8×8.7×6cmのパウンド型1台分）
バター…60g
砂糖…60g
卵…1個
バナナ（大）…1本
薄力粉…150g
A
| インスタントドライイースト…小さじ1/2（2g）
| 水…大さじ1
オレオクッキー（市販）…5枚

下準備
【生地作り】
＊バターは室温にもどすか、電子レンジで30秒くらい加熱してやわらかくする。
＊卵は室温にもどし、ボウルに割りほぐす。
＊Aの材料を合わせてドライイーストをふやかしておく。

【焼成】
＊オーブンを180℃に予熱する。

作り方

生地作り

1 大きめのボウルにバターを入れ、泡立て器で軽く混ぜる。バターがクリーム状にやわらかくなっていればOK。
2 砂糖を一度に加えてよく混ぜる。卵を半量ずつ加えてそのつどよく混ぜる。
3 バナナを1cm幅に切り、フォークの背を使ってつぶし、ペースト状にする（**a**）。2に加え、よく混ぜる。
4 薄力粉をふるいながら加え、ゴムべらでボウルの底から生地を返すようにして、練らないように混ぜる。粉が見えなくなり、均一になったら混ぜ終わり。
5 Aのイーストがすべて水に沈んでいるか確認してから4に加え、ゴムべらで均一になるまで混ぜる。
6 オレオクッキーを4等分くらいに手で割り（**b**）、5に加えてさっくり混ぜる。
7 型に生地を流し入れ、ゴムべらで生地の表面を平らにならす。

発酵

8 ラップをしっかりとかけて、冷蔵庫に入れる。8時間〜3日間おいて発酵させる。

焼成

9 8時間ねかせたら、好みのタイミングで冷蔵庫から取り出し、ラップを外して180℃のオーブンで25分焼く。焼き上がったら型から取り出し、ケーキクーラーなどにのせて冷ます。

キャラメルのケーキ

市販のキャラメルを使った手軽なレシピです。
オーブンの熱でじゅわっと溶けたキャラメルが生地となじんでリッチな味わいに。

材料（17.8×8.7×6cmのパウンド型1台分）
バター…70g
砂糖…70g
卵…2個
A
| 薄力粉…60g
| アーモンドプードル…60g
| 塩…ひとつまみ
B
| インスタントドライイースト…小さじ1/2（2g）
| 水…大さじ1
キャラメル（市販）…8粒

下準備
【生地作り】
＊バターは室温にもどすか、電子レンジで30秒くらい加熱してやわらかくする。
＊卵は室温にもどし、ボウルに割りほぐす。
＊Bの材料を合わせてドライイーストをふやかしておく。

【焼成】
＊オーブンを180℃に予熱する。

作り方

生地作り

1. 大きめのボウルにバターを入れ、泡立て器で軽く混ぜる。バターがクリーム状にやわらかくなっていればOK。
2. 砂糖を一度に加えてよく混ぜる。卵を半量ずつ加えてそのつどよく混ぜる。
3. **A**を合わせてふるいながら加え、ゴムべらでボウルの底から生地を返すようにして、練らないように混ぜる。粉が見えなくなり、均一になったらOK。
4. **B**のイーストがすべて水に沈んでいるか確認してから**3**に加え、ゴムべらで均一になるまで混ぜる。
5. キャラメルを加えてさっくり混ぜる。
6. 型に生地を流し入れ、ゴムべらで生地の表面を平らにならす。

発酵

7. ラップをしっかりとかけて、冷蔵庫に入れる。8時間～3日間おいて発酵させる。

焼成

8. 8時間ねかせたら、好みのタイミングで冷蔵庫から取り出し、ラップを外して180℃のオーブンで25分焼く。焼き上がったら型から取り出し、ケーキクーラーなどにのせて冷ます。

りんごのケーキ

りんごは水分を加えず炒め煮にするので、ぎゅっとうま味が凝縮されています。たっぷりとかけたクランブルの食感も楽しいケーキ。

マンゴーヨーグルトのケーキ

バターを使わず、ココナッツオイルで軽やかに仕上げました。ヨーグルトとマンゴーのトロピカルな組み合わせがさわやかです。

りんごのケーキ

材料（17.8×8.7×6cmのパウンド型1台分）
バター…80g
砂糖…60g
卵…2個
A
┃ 薄力粉…80g
┃ アーモンドプードル…30g
B
┃ インスタントドライイースト…小さじ1/2 (2g)
┃ 水…大さじ1
＜りんごの甘煮＞　※でき上がり100gを使う
りんご…1個、バター…15g、グラニュー糖…25g
＜クランブル＞
薄力粉、アーモンドプードル…各20g
砂糖、バター（5mm角）…各15g
塩…ひとつまみ

下準備
【生地作り】
＊バターは室温にもどすか、電子レンジで30秒くらい加熱してやわらかくする。
＊卵は室温にもどし、ボウルに割りほぐす。
＊**B**の材料を合わせてドライイーストをふやかす。

【焼成】
＊オーブンを180℃に予熱する。

作り方

> **生地作り**

1　りんごの甘煮を作る。りんごは皮と芯を取り、5mm厚さのいちょう切りにする。フライパンにバターとグラニュー糖を入れて弱火から中火で熱し、グラニュー糖が溶けたらりんごを加えて炒め煮にする。りんごに火が通ったらバットにあけて粗熱をとる。
2　クランブルを作る。ボウルにバター以外の材料を入れて、泡立て器で混ぜ合わせる。バターを加え、手ですり混ぜてポロポロの状態にする。
3　「基本のパウンドケーキ」の**1〜4**と同様に作業して生地を作る（P.12参照）。
4　**1**を加えて、さっくりと混ぜ合わせ、型に生地を流し入れる。ゴムべらで生地の表面を平らにならす。表面に**2**をふりかける。

> **発酵・焼成**

5　「基本のパウンドケーキ」の**6**、**7**を参照して発酵させ、焼き上げる（P.13参照）。

マンゴーヨーグルトのケーキ

材料（17.8×8.7×6cmのパウンド型1台分）
卵…2個
砂糖…60g
ココナッツオイル…40g
プレーンヨーグルト（砂糖不使用）…60g
薄力粉…150g
A
┃ インスタントドライイースト…小さじ1/2 (2g)
┃ 水…大さじ1
ドライマンゴー…30g

下準備
【生地作り】
＊卵を室温にもどす。
＊**A**の材料を合わせてドライイーストをふやかしておく。

【焼成】
＊オーブンを180℃に予熱する。

作り方

> **生地作り**

1　大きめのボウルに卵を割り入れ、泡立て器で軽く混ぜてほぐす。砂糖を加えてよく混ぜる。ココナッツオイルを半量ずつ加え、そのつどよく混ぜる。
2　ヨーグルトを加えて、塊がなくなるまで混ぜる。薄力粉をふるいながら加え、ゴムべらでボウルの底から生地を返すようにして、練らないように混ぜる。粉が見えなくなり、均一になったら混ぜ終わり。
3　**A**のイーストがすべて水に沈んでいるか確認してから**2**に加え、ゴムべらで均一になるまで混ぜる。
4　ドライマンゴーの大きなものは手で適当な大きさにちぎり、**3**に加えてさっくりと混ぜる。
5　型に生地を流し入れ、ゴムべらで表面を平らにする。

> **発酵・焼成**

6　「基本のパウンドケーキ」の**6**、**7**を参照して発酵させ、焼き上げる（P.13参照）。

ハニーレモンケーキ
▷作り方：P.24

メープルくるみケーキ
▷作り方：P.25

ハニーレモンケーキ

レモンのほどよい酸味とはちみつの自然な甘さがよく合う組み合わせ。
小さくカットして器に盛ると、さわやかな香りについつい手が伸びます。

材料（17.8×8.7×6cmのパウンド型1台分）
バター…70g
はちみつ…70g
卵…2個
レモンの皮（すりおろす）…1/2個分
レモン汁…1/2個分
薄力粉…100g
A
　インスタントドライイースト…小さじ1/2（2g）
　水…大さじ1

下準備
【生地作り】
＊バターは室温にもどすか、電子レンジで30秒くらい加熱してやわらかくする。
＊卵は室温にもどし、ボウルに割りほぐす。
＊Aの材料を合わせてドライイーストをふやかしておく。

【焼成】
＊オーブンを180℃に予熱する。

作り方

生地作り

1　大きめのボウルにバターを入れ、泡立て器で軽く混ぜる。バターがクリーム状にやわらかくなっていればOK。
2　はちみつを一度に加えてよく混ぜる。卵を半量ずつ加えてそのつどよく混ぜる。
3　レモンの皮とレモン汁を加えてよく混ぜる。
4　薄力粉をふるいながら加え、ゴムべらでボウルの底から生地を返すようにして、練らないように混ぜる。粉が見えなくなり、均一になったら混ぜ終わり。
5　Aのイーストがすべて水に沈んでいるか確認してから4に加え、ゴムべらで均一になるまで混ぜる。
6　型に生地を流し入れ、ゴムべらで生地の表面を平らにならす。

発酵

7　ラップをしっかりとかけて、冷蔵庫に入れる。8時間〜3日間おいて発酵させる。

焼成

8　8時間ねかせたら、好みのタイミングで冷蔵庫から取り出し、ラップを外して180℃のオーブンで25分焼く。焼き上がったら型から取り出し、ケーキクーラーなどにのせて冷ます。

メープルくるみケーキ

くるみの香ばしさと食感が楽しいパウンドケーキ。メープルシロップと
ほんのり効かせたラム酒の風味で、大人のティータイムにもぴったりです。

材料 (17.8×8.7×6cmのパウンド型1台分)
バター…50g
砂糖…30g
卵…2個
メープルシロップ…40g
ラム酒…25g
A
| 薄力粉…70g
| 全粒粉（なければ薄力粉でOK）…40g
B
| インスタントドライイースト…小さじ1/2（2g）
| 水…大さじ1
ローストくるみ…50g

下準備

【生地作り】
＊バターは室温にもどすか、電子レンジで30秒くらい加熱してやわらかくする。
＊卵は室温にもどし、ボウルに割りほぐす。
＊Bの材料を合わせてドライイーストをふやかしておく。

【焼成】
＊オーブンを180℃に予熱する。

作り方

生地作り

1. 大きめのボウルにバターを入れ、泡立て器で軽く混ぜる。バターがクリーム状にやわらかくなっていればOK。
2. 砂糖を一度に加えてよく混ぜる。卵を半量ずつ加えてそのつどよく混ぜる。
3. メープルシロップとラム酒を加え、よく混ぜる。
4. Aを合わせてふるいながら加え、ゴムべらでボウルの底から生地を返すようにして、練らないように混ぜる。粉が見えなくなり、均一になったらOK。
5. Bのイーストがすべて水に沈んでいるか確認してから4に加え、ゴムべらで均一になるまで混ぜる。
6. ローストくるみの大きなものは手で適当な大きさに割る。5に加えてさっくり混ぜる。
7. 型に生地を流し入れ、ゴムべらで生地の表面を平らにならす。

発酵

8. ラップをしっかりとかけて、冷蔵庫に入れる。8時間～3日間おいて発酵させる。

焼成

9. 8時間ねかせたら、好みのタイミングで冷蔵庫から取り出し、ラップを外して180℃のオーブンで25分焼く。焼き上がったら型から取り出し、ケーキクーラーなどにのせて冷ます。

フルーツケーキ

ラム酒漬けのドライフルーツがたっぷり入った味わい深いケーキ。
焼きたてはもちろん、数日かけて味の変化を楽しみながら食べるのもおすすめです。

材料（17.8×8.7×6cmのパウンド型1台分）
バター…50g
砂糖…70g
卵…2個
A
| 薄力粉…100g
| シナモンパウダー…小さじ1
B
| インスタントドライイースト…小さじ1/2（2g）
| 水…大さじ1
ドライフルーツのラム酒漬け…120g

下準備
【生地作り】
＊バターは室温にもどすか、電子レンジで30秒くらい加熱してやわらかくする。
＊卵は室温にもどし、ボウルに割りほぐす。
＊Bの材料を合わせてドライイーストをふやかしておく。

【焼成】
＊オーブンを180℃に予熱する。

作り方

> 生地作り

1. 大きめのボウルにバターを入れ、泡立て器で軽く混ぜる。バターがクリーム状にやわらかくなっていればOK。
2. 砂糖を一度に加えてよく混ぜる。卵を半量ずつ加えてそのつどよく混ぜる。
3. **A**を合わせてふるいながら加え、ゴムべらでボウルの底から生地を返すようにして、練らないように混ぜる。粉が見えなくなり、均一になったらOK。
4. **B**のイーストがすべて水に沈んでいるか確認してから**3**に加え、ゴムべらで均一になるまで混ぜる。
5. ドライフルーツのラム酒漬けを加えてさっくり混ぜる。
6. 型に生地を流し入れ、ゴムべらで生地の表面を平らにならす。

> 発酵

7. ラップをしっかりとかけて、冷蔵庫に入れる。8時間～3日間おいて発酵させる。

> 焼成

8. 8時間ねかせたら、好みのタイミングで冷蔵庫から取り出し、ラップを外して180℃のオーブンで25分焼く。焼き上がったら型から取り出し、ケーキクーラーなどにのせて冷ます。

ドライフルーツのラム酒漬け

刻んだドライフルーツをラム酒に漬けてあるので味わい深く、そのまま使えて便利です。レーズンやアプリコットなど好みのドライフルーツを一晩ラム酒に漬けてもOK。

栗と紅茶のケーキ

ごろんと丸ごと贅沢に入った栗と紅茶の香りが上品なケーキ。
紅茶はダージリンティーを使いましたが、好みの香りの茶葉でアレンジできます。

材料（17.8×8.7×6cmのパウンド型1台分）
バター…60g
砂糖…50g
塩…ひとつまみ
卵…2個
はちみつ…30g
A
| 薄力粉…100g
| ダージリンティー（製菓用またはティーバッグ）
| …大さじ1
B
| インスタントドライイースト…小さじ1/2（2g）
| 水…大さじ1
栗の渋皮煮…200g

下準備
【生地作り】
＊バターは室温にもどすか、電子レンジで30秒
　くらい加熱してやわらかくする。
＊卵は室温にもどし、ボウルに割りほぐす。
＊Bの材料を合わせてドライイーストをふやかし
　ておく。

【焼成】
＊オーブンを180℃に予熱する。

作り方

生地作り

1 大きめのボウルにバターを入れ、泡立て器で軽く混ぜる。バターがクリーム状にやわらかくなっていればOK。
2 砂糖と塩を加えてよく混ぜる。卵を半量ずつ加えてそのつどよく混ぜる。
3 はちみつを加えてよく混ぜる。
4 Aを合わせてふるいながら加え、ゴムべらでボウルの底から生地を返すようにして、練らないように混ぜる。粉が見えなくなり、均一になったらOK。
5 Bのイーストがすべて水に沈んでいるか確認してから4に加え、ゴムべらで均一になるまで混ぜる。
6 栗の渋皮煮を加えてさっくり混ぜる。
7 型に生地を流し入れ、ゴムべらで生地の表面を平らにならす。

発酵

8 ラップをしっかりとかけて、冷蔵庫に入れる。8時間〜3日間おいて発酵させる。

焼成

9 8時間ねかせたら、好みのタイミングで冷蔵庫から取り出し、ラップを外して180℃のオーブンで25分焼く。焼き上がったら型から取り出し、ケーキクーラーなどにのせて冷ます。

抹茶・甘納豆ケーキ

抹茶のグリーンが鮮やかな和テイストのケーキは、大人から子どもまで人気。甘納豆は、好みのものを加えてください。

こしあんケーキ

米粉や植物油を加えることで、軽やかな食感が生まれます。ホイップクリームを添えて食べるのもおすすめ。

抹茶・甘納豆ケーキ

材料 (17.8×8.7×6cmのパウンド型1台分)
卵…2個
砂糖…75g
太白ごま油 (なければサラダ油でOK)…50g

A
| 薄力粉…100g
| 抹茶…小さじ1

B
| インスタントドライイースト…小さじ1/2 (2g)
| 水…大さじ1
甘納豆…85g

下準備
【生地作り】
＊卵を室温にもどす。
＊**B**の材料を合わせてドライイーストをふやかしておく。

【焼成】
＊オーブンを180℃に予熱する。

作り方

> 生地作り

1 大きめのボウルに卵を割り入れ、泡立て器で軽く混ぜてほぐす。
2 砂糖を加えてよく混ぜる。太白ごま油を半量ずつ加えてそのつどよく混ぜる。
3 **A**を合わせてふるいながら加え、ゴムべらでボウルの底から生地を返すようにして、練らないように混ぜる。粉が見えなくなり、均一になったらOK。
4 **B**のイーストがすべて水に沈んでいるか確認してから**3**に加え、ゴムべらで均一になるまで混ぜる。
5 甘納豆を加えてさっくりと混ぜる。
6 型に生地を流し入れ、ゴムべらで生地の表面を平らにならす。

> 発酵

7 ラップをしっかりとかけて、冷蔵庫に入れる。8時間〜3日間おいて発酵させる。

> 焼成

8 8時間ねかせたら、好みのタイミングで冷蔵庫から取り出し、ラップを外して180℃のオーブンで25分焼く。焼き上がったら型から取り出し、ケーキクーラーなどにのせて冷ます。

こしあんケーキ

材料 (17.8×8.7×6cmのパウンド型1台分)
卵…2個
こしあん…180g
太白ごま油 (なければサラダ油でOK)…40g

A
| 薄力粉…70g
| 米粉…30g

B
| インスタントドライイースト…小さじ1/2 (2g)
| 水…大さじ1

下準備
【生地作り】
＊卵を室温にもどす。
＊**B**の材料を合わせてドライイーストをふやかしておく。

【焼成】
＊オーブンを180℃に予熱する。

作り方

> 生地作り

1 大きめのボウルに卵を割り入れ、泡立て器で軽く混ぜてほぐす。
2 こしあんを加えてよく混ぜる。太白ごま油を半量ずつ加えてそのつどよく混ぜる。
3 「抹茶・甘納豆ケーキ」の**3**、**4**、**6**を参照して生地を作る。

> 発酵・焼成

4 「抹茶・甘納豆ケーキ」の**7**、**8**を参照して発酵させ、焼き上げる。

ベーコンと野菜のケーク・サレ

彩りのきれいなグリーンピース、コーン、ベーコンを合わせた塩味のケーキ。
油分も少量でヘルシーだから、朝食やブランチにもぴったりです。

材料 (17.8×8.7×6cmのパウンド型1台分)
卵…1個
オリーブオイル…10g
A
| 薄力粉…100g
| こしょう…少々
| 塩…少々
| パルメザンチーズ（粉）…30g
B
| インスタントドライイースト…小さじ1/2 (2g)
| 牛乳…50g
ブロックベーコン…45g
グリーンピース（冷凍または缶詰）…25g
コーン（冷凍または缶詰）…25g
玉ねぎ（生）…30g

下準備
【生地作り】
＊卵は室温にもどす。
＊Bの材料を合わせてドライイーストをふやかしておく。

【焼成】
＊オーブンを180℃に予熱する。

作り方

生地作り

1 ブロックベーコンは5mm幅くらいの細切りにし、玉ねぎはみじん切りにする。
2 大きめのボウルに卵を割り入れ、泡立て器で軽く混ぜてほぐす。
3 オリーブオイルを加えてよく混ぜる。
4 **A**を合わせてふるいながら加え、ゴムべらでボウルの底から生地を返すようにして、練らないように混ぜる。粉が見えなくなり、均一になったらOK。
5 **B**のイーストがすべて牛乳に沈んでいるか確認してから**4**に加え、ゴムべらで均一になるまで混ぜる。
6 グリーンピースとコーン、**1**を加えてさっくりと混ぜる。
7 型に生地を流し入れ、ゴムべらで生地の表面を平らにならす。

発酵

8 ラップをしっかりとかけて、冷蔵庫に入れる。8時間〜3日間おいて発酵させる。

焼成

9 8時間ねかせたら、好みのタイミングで冷蔵庫から取り出し、ラップを外して180℃のオーブンで25分焼く。焼き上がったら型から取り出し、ケーキクーラーなどにのせて冷ます。

PART2

クッキー&
ビスコッティ

焼きたてのさくさく食感が魅力のクッキーと

パンに近い生地を硬めに焼き上げたビスコッティ。

日持ちするので、たくさん焼いてプレゼントにしても喜ばれます。

クッキーは、食べたいときに、食べたい分だけ焼けるのも

発酵生地ならではの魅力です。

基本のクッキー
▷作り方：p.36

基本のクッキー

生地をラップでくるんで発酵させ、カットして焼く、アイスボックスタイプのクッキーです。
家にある材料ですぐに作れるから、気軽にチャレンジしてみてください。

材料 (厚さ7～8mm、直径4cmを24枚分)

バター…60g
砂糖…75g
卵…1個
バニラオイル…数滴

A
| 薄力粉…200g
| 塩…ひとつまみ

B
| インスタントドライイースト…小さじ1/2 (2g)
| 水…大さじ1

下準備

【生地作り】
* バターは室温にもどすか、電子レンジで30秒くらい加熱してやわらかくする。
* 卵は室温にもどし、ボウルに割りほぐす。
* Bの材料を合わせてドライイーストをふやかしておく。

Bの水にイーストを重ならないようにふり入れる。

【焼成】
* オーブンを180℃に予熱する。
* 天板にオーブンシートを敷く。

作り方

[生地作り]

1. バターと砂糖を混ぜる

大きめのボウルにバターを入れ、泡立て器で軽く混ぜる。バターがクリーム状にやわらかくなっていればOK。

砂糖を一度に加えてよく混ぜる。

2. 卵とバニラオイルを加えて混ぜる

卵を半量加えてよく混ぜる。完全に混ざったら残りの卵を加えて、同様によく混ぜる。

バニラオイルを数滴ふり入れ、混ぜ合わせる。

3. 粉類を混ぜる

Aを合わせてふるいながら加える。

ゴムべらでボウルの底から生地を返すようにして、練らないように混ぜる。粉が見えなくなり、均一になったらOK。

4. ドライイーストを加える

Bのイーストがすべて水に沈んでいるか確認する。
＊溶けないので水分を含んでいればOK。

ボウルにイーストを加え、ゴムべらで均一になるまで混ぜる。

発酵

5. 冷蔵庫で発酵させる

ラップの上に半量の生地をのせ、直径4cmくらいの円筒形にくるむ。残りの生地も同様にくるむ。冷蔵庫に入れ、8時間～10日間おいて発酵させる。

焼成

6. カットする

 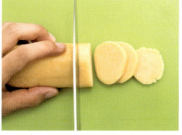 

8時間ねかせたら、好みのタイミングで冷蔵庫から取り出す。
＊写真は一晩発酵させたもの。生地が硬くしっかりとしている状態。

ラップを外して厚さ7～8mmにカットする。

天板にのせ、指先で角を整え、きれいな丸形にする。

7. 焼く

180℃のオーブンで15分焼く。焼き上がったら、ケーキクーラーなどにのせて冷ます。

\ でき上がり /

保存する場合は、密閉できる容器に乾燥剤を入れて常温保存し、数日で食べきる。

くるみボール
▷作り方：p.40

チャイ風クッキー
▷作り方:P.41

くるみボール

ナッツのさくさくした食感と、ほろっとしたクッキー生地がポイント。
ころんと丸い形もキュートで、子どもから大人まで人気のあるクッキーです。

材料（直径2cmくらいのボール形を20個分）
砂糖…30g
太白ごま油（なければサラダ油でOK）…40g
A
  薄力粉…120g
  アーモンドプードル…40g
  インスタントコーヒー…3g
  塩…ひとつまみ
B
  インスタントドライイースト…小さじ1/4（1g）
  水…大さじ1
くるみ・アーモンド（合わせて）…50g
粉糖…適量

下準備
【生地作り】
＊Bの材料を合わせてドライイーストをふやかしておく。
＊くるみとアーモンドは細かく刻む。

【焼成】
＊オーブンを180℃に予熱する。
＊天板にオーブンシートを敷く。

作り方

> 生地作り

1 大きめのボウルに砂糖を入れ、太白ごま油を加えて泡立て器で混ぜる。
2 Aを合わせてふるいながら加え、ゴムべらでボウルの底から生地を返すようにして、練らないように混ぜる。粉が見えなくなり、均一になったらOK。
3 Bのイーストがすべて水に沈んでいるか確認してから2に加え、ゴムべらで均一になるまで混ぜる。
4 刻んだくるみとアーモンドを加え、さっくり混ぜる。
5 1個20gくらいに分け、ボール状に丸めて保存容器に入れる（**a**）。

> 発酵

6 冷蔵庫に入れ、8時間〜10日間おいて発酵させる。

> 焼成

7 8時間ねかせたら、好みのタイミングで冷蔵庫から取り出し、天板に並べて180℃のオーブンで15分焼く。焼き上がったら型から取り出し、ケーキクーラーなどにのせて冷ます。
8 7が完全に冷めたら、粉糖と一緒にビニール袋に入れ、袋をふって全体にまぶす。

チャイ風クッキー

特別なスパイスを使わずに作るチャイ風味のクッキー。噛むほどにしょうがと紅茶の香りが広がります。紅茶はアッサムティーがおすすめですが、好みのものでもOK。

材料（厚さ7〜8mm、直径4cmを12枚分）
砂糖…30g
太白ごま油（なければサラダ油でOK）…40g
しょうがのすりおろし（チューブタイプ）…3g
A
| 薄力粉…150g
| アッサムティー（製菓用またはティーバッグ）
　　…小さじ1/2
B
| インスタントドライイースト…小さじ1/4（1g）
| 牛乳…30g

下準備
【生地作り】
＊Bの材料を合わせてドライイーストをふやかしておく。

【焼成】
＊オーブンを180℃に予熱する。
＊天板にオーブンシートを敷く。

作り方

【生地作り】

1. 大きめのボウルに砂糖を入れ、太白ごま油としょうがのすりおろしを加えて泡立て器で混ぜる。
2. **A**を合わせてふるいながら加え、ゴムべらでボウルの底から生地を返すようにして、練らないように混ぜる。粉が見えなくなり、均一になったらOK。
3. **B**のイーストがすべて牛乳に沈んでいるか確認してから**2**に加え、ゴムべらで均一になるまで混ぜる。
4. ラップの上に生地をのせ、直径4cmくらいの円筒形にくるむ。

【発酵】

5. 冷蔵庫に入れ、8時間〜10日間おいて発酵させる。

【焼成】

6. 8時間ねかせたら、好みのタイミングで冷蔵庫から取り出し、ラップを外して厚さ7〜8mmにカットする。天板にのせ、指先で角を整え、きれいな丸形にする。
7. 180℃のオーブンで15分焼く。焼き上がったら、ケーキクーラーなどにのせて冷ます。

ココナッツサブレ

ココナッツは実とオイルの両方を使うことで、甘い香りが口いっぱいに広がります。サクッと軽い食感はぜひ焼きたてを。

オートミールクッキー

オートミールやナッツ、チョコチップを生地でつないだ、具だくさんのクッキー。薄焼きならではの香ばしさを楽しんでください。

ココナッツサブレ

材料（厚さ3mm、直径4〜5cmを15枚分）
砂糖…20g、ココナッツオイル…45g
A
| 薄力粉…50g
| 塩…ひとつまみ
B
| インスタントドライイースト…小さじ1/4（1g）
| 水…大さじ1
ココナッツロング…70g

下準備
【生地作り】
＊Bの材料を合わせてドライイーストをふやかす。

【焼成】
＊オーブンを180℃に予熱する。
＊天板にオーブンシートを敷く。

作り方

生地作り

1 大きめのボウルに砂糖を入れ、ココナッツオイルを加えて泡立て器で混ぜる。
2 Aを合わせてふるいながら加え、ゴムべらでボウルの底から生地を返すようにして、練らないように混ぜる。粉が見えなくなり、均一になったらOK。
3 Bのイーストがすべて水に沈んでいるか確認してから2に加え、ゴムべらで均一になるまで混ぜる。
4 ココナッツロング（P.63参照）を加えて、さっくりと混ぜ、保存容器に入れる。

発酵

5 冷蔵庫に入れ、8時間〜10日間おいて発酵させる。

焼成

6 8時間ねかせたら、好みのタイミングで冷蔵庫から取り出す。生地をスプーンですくって、手のひらで丸める（**a**）。天板にのせ、指で押して厚さ3mmくらいの円形に整える（**b**）。
7 180℃のオーブンで15分焼く。焼き上がったら、ケーキクーラーなどにのせて冷ます。

オートミールクッキー

材料（厚さ3mm、直径4〜5cmを15枚分）
砂糖…40g、太白ごま油…30g、はちみつ…25g
A
| 薄力粉…40g
| 塩…ひとつまみ
B
| インスタントドライイースト…小さじ1/4（1g）
| 水…大さじ1
C
| オートミール…70g、くるみ…30g
| アーモンド…30g、チョコチップ…30g

下準備
【生地作り】
＊Bの材料を合わせてドライイーストをふやかす。
＊くるみとアーモンドは粗く刻み、Cのほかの材料と合わせる。

【焼成】
＊オーブンを180℃に予熱する。
＊天板にオーブンシートを敷く。

作り方

生地作り

1 大きめのボウルに砂糖を入れ、太白ごま油、はちみつを加えて泡立て器で混ぜる。
2 Aを合わせてふるいながら加え、ゴムべらでボウルの底から生地を返すようにして、練らないように混ぜる。粉が見えなくなり、均一になったらOK。
3 Bのイーストがすべて水に沈んでいるか確認してから2に加え、ゴムべらで均一になるまで混ぜる。
4 Cを加えて、さっくりと混ぜ、保存容器に入れる。

発酵・焼成

5 「ココナッツサブレ」の**5〜7**を参照して発酵させ、焼き上げる。

ごぼうのクッキー

生のごぼうを使ったヘルシーなクッキー。片栗粉を加え、クラッカー感覚のカリッとした歯ごたえに。にんじんやフライドオニオンを入れてもおいしいです。

材料（厚さ3mm、直径4〜5cmを15枚分）
砂糖…20g
オリーブオイル…20g
A
| 薄力粉…50g
| 片栗粉…50g
B
| インスタントドライイースト…小さじ1/4（1g）
| 水…大さじ1
ごぼう…80g

下準備
【生地作り】
＊Bの材料を合わせてドライイーストをふやかしておく。

【焼成】
＊オーブンを180℃に予熱する。
＊天板にオーブンシートを敷く。

作り方

生地作り

1. ごぼうはよく洗い、皮つきのまま粗みじん切りにする（**a**）。
2. 大きめのボウルに砂糖を入れ、オリーブオイルを加えて泡立て器で混ぜる。
3. **A**を合わせてふるいながら加え、ゴムべらでボウルの底から生地を返すようにして、練らないように混ぜる。粉が見えなくなり、均一になったらOK。
4. **B**のイーストがすべて水に沈んでいるか確認してから**3**に加え、ゴムべらで均一になるまで混ぜる。
5. **1**を加えて、さっくりと混ぜ、ラップに生地をのせて適当な大きさにまとめてくるむ。

発酵

6. 冷蔵庫に入れ、8時間〜7日間おいて発酵させる。

焼成

7. 8時間ねかせたら、好みのタイミングで冷蔵庫から取り出す。生地を1cmくらいの立方体に切る（**b**）。天板にのせ、指で押して厚さ3mmくらいの円形に整える（**c**）。フォークで空気穴をあける（**d**）。
8. 180℃のオーブンで15分焼く。焼き上がったら、ケーキクーラーなどにのせて冷ます。

チーズクラッカー

ふんわりとチーズが香る、軽い食感のクラッカー。おやつにもおつまみにも合うので、たくさん作っておくと便利です。

たまごボーロ

ほんのりとやさしい甘さのたまごボーロ。市販品よりも大きくて食べごたえがあり、どこかホッとする味わいの昔ながらのおやつです。

チーズクラッカー

材料（厚さ3〜4mm、1.5cm角を60枚分）
A
| 薄力粉…40g、片栗粉…40g
| パルメザンチーズ（粉）…30g、塩…3g
オリーブオイル…25g
B
| インスタントドライイースト…小さじ1/4（1g）
| 牛乳…35g

下準備
【生地作り】
＊Bの材料を合わせてドライイーストをふやかす。

【焼成】
＊オーブンを180℃に予熱する。
＊天板にオーブンシートを敷く。

作り方

> 生地作り

1 大きめのボウルにAを合わせてふるい入れ、泡立て器で混ぜる。
2 オリーブオイルを回し入れて、よく混ぜる。
3 Bのイーストがすべて牛乳に沈んでいるか確認してから2に加え、ゴムべらで軽く混ぜ、最後は手でまとめる。
4 ラップに生地をのせて四角形に形を整えてくるむ。

> 発酵

5 冷蔵庫に入れ、8時間〜10日間おいて発酵させる。

> 焼成

6 8時間ねかせたら、好みのタイミングで冷蔵庫から取り出す。生地をラップの間にはさみ、めん棒で厚さ3〜4mmくらいにのばす（**a**）。ピザカッターで1.5cm角くらいにカットする（**b**）。天板にのせ、フォークで空気穴をあける（**c**）。
7 180℃のオーブンで15分焼く。焼き上がったら、ケーキクーラーなどにのせて冷ます。

たまごボーロ

材料（直径1〜1.5cmのボール形を50個分）
卵黄…1個分、砂糖…40g
A
| 片栗粉…80g
| 薄力粉…20g
B
| インスタントドライイースト…小さじ1/4（1g）
| 牛乳…15g

下準備
【生地作り】
＊卵は室温にもどす。
＊Bの材料を合わせてドライイーストをふやかす。

【焼成】
＊オーブンを180℃に予熱する。
＊天板にオーブンシートを敷く。

作り方

> 生地作り

1 大きめのボウルに卵黄を入れ、砂糖を一度に加えて泡立て器で混ぜる。
2 Aを合わせてふるいながら加え、ゴムべらでボウルの底から生地を返すようにして、練らないように混ぜる。粉が見えなくなり、均一になったらOK。
3 「チーズクラッカー」の3、4を参照し、同様に生地を作る。

> 発酵

4 冷蔵庫に入れ、8時間〜3日間おいて発酵させる。

> 焼成

5 8時間ねかせたら、好みのタイミングで冷蔵庫から取り出す。生地を1cmくらいの立方体に切る（**a**）。手で角を押して丸く成形したら（**b**）、間隔をあけて天板にのせる（**c**）。
6 180℃のオーブンで15分焼く。焼き上がったら、ケーキクーラーなどにのせて冷ます。

メープルかりんとう

手作りするのは難しそうなイメージのかりんとうも、生地を仕込んでおけばあっという間に作れます。できたてのおいしさは格別なので、ぜひ試してみてください。

ごまかりんとう

たっぷりからめた黒みつの甘さが口に広がり、子どもからお年寄りまで喜ばれるおやつに。生地に練りこんだごまで香ばしさもアップ。

メープルかりんとう

材料（長さ5cmくらいを50本分）
薄力粉…100g
メープルシロップ…20g
A
　インスタントドライイースト…小さじ1/4（1g）
　水…30g
　太白ごま油…10g
揚げ油…適量
＜みつ＞
上白糖…50g、水…20g

下準備
【生地作り】
＊薄力粉をふるっておく。
＊**A**の材料を合わせてドライイーストをふやかす。

作り方

　生地作り

1　大きめのボウルに薄力粉を入れ、メープルシロップを加えて、ゴムべらで軽く混ぜる。
2　**A**のイーストがすべてふやけているか確認してから**1**に加え、ゴムべらで軽く混ぜ、最後は手でこねてまとめる。
3　ラップに生地をのせて四角形に形を整えてくるむ。

　発酵

4　冷蔵庫に入れ、8時間〜10日間おいて発酵させる。

　焼成

5　8時間ねかせたら、好みのタイミングで冷蔵庫から取り出す。ラップを外した生地をめん棒で厚さ1cmくらいにのばす（**a**）。縦半分に切り、1cm幅くらいの棒状に切る（**b**）。
6　揚げ油を170℃に熱し、**5**を入れて芯がなくなるまでしっかりと揚げる（**c**）。あみにとって油をきり、粗熱をとる。
7　フライパンにみつの材料を入れ、中火で熱して、ふつふつと大きな泡が立ったら（**d**）、**6**を加えてみつを全体にからめる（**e**）。バットなどにあけて粗熱をとる。

ごまかりんとう

材料（長さ5cmくらいを50本分）
A
　薄力粉…100g
　砂糖…10g
　黒炒りごま・白炒りごま（どちらかでもOK）
　　…合わせて30g
B
　インスタントドライイースト…小さじ1/4（1g）
　水…50g
　太白ごま油…10g
揚げ油…適量
＜みつ＞
黒砂糖…50g、水…20g

下準備
【生地作り】
＊薄力粉をふるっておく。
＊**B**の材料を合わせてドライイーストをふやかす。

作り方

　生地作り・発酵・焼成

1　大きめのボウルに**A**を入れてゴムべらで混ぜ、**B**のイーストがすべてふやけているか確認してから加える。軽く混ぜ、最後は手でこねてまとめる。
2　「メープルかりんとう」の**3**〜**7**を参照し、同様に生地を作って発酵させ、揚げてみつをからめる。

基本のビスコッティ

ゴツゴツとした食感で食べごたえのあるビスコッティは、そのままでも、コーヒーや牛乳に浸して食べてもOK。作り方はすべて同じだから、チョコチップを別の具材に変えていろいろアレンジできます。

材料（厚さ1cm、4×10cmを15枚分）
卵…1個
砂糖…40g
薄力粉…150g
A
| インスタントドライイースト…小さじ1/4（1g）
| 水…30g
チョコチップ…50g

下準備
【生地作り】
＊卵は室温にもどす。
＊Aの材料を合わせてドライイーストをふやかしておく。

【焼成】
＊オーブンを170℃に予熱する。
＊天板にオーブンシートを敷く。

Aの水にイーストを重ならないようにふり入れる。

作り方

> 生地作り

1. 卵と砂糖を混ぜる

大きめのボウルに卵を割りほぐし、砂糖を一度に加えて泡立て器でよく混ぜる。

2. 粉を混ぜる

薄力粉をふるいながら加える。

ゴムべらでボウルの底から生地を返すようにして、練らないように混ぜる。粉が見えなくなり、均一になったらOK。

3. ドライイーストを加える

Aのイーストがすべて水に沈んでいるか確認し、ボウルに加える。
＊溶けないので水分を含んでいればOK。

4. チョコチップを加える

チョコチップを加え、さっくりと混ぜる。

> 発酵

5. 冷蔵庫で発酵させる

ラップの上に生地をのせ、15×10cmくらいの四角形にまとめてくるむ。冷蔵庫に入れ、8時間〜3日間おいて発酵させる。

> 焼成

6. 塊のまま焼く

8時間ねかせたら、好みのタイミングで冷蔵庫から取り出す。
＊写真は2日間発酵させたもの。素材がなじんで生地もしっかりとしている状態。

天板にのせ、170℃のオーブンで25分焼く。ケーキクーラーにのせて、手でさわれる温度まで冷ます。

7. スライスして焼く

厚さ1cmにスライスして、天板に並べ、180℃に予熱したオーブンで20分焼く。ケーキクーラーなどにのせて冷ます。

\ でき上がり /

保存する場合は、密閉できる容器に乾燥剤を入れて常温保存し、数日で食べきる。

アーモンド・マーマレードビスコッティ

ココア生地とマーマレードが相性抜群で、コーヒーに合いそうな大人味のビスコッティ。
アーモンドのカリッとした食感がよいアクセントになっています。

材料（厚さ5mm、約3.5×9cmを15枚分）
卵…1個
砂糖…50g
A
| 薄力粉…120g
| ココア（砂糖不使用）…30g
B
| インスタントドライイースト…小さじ1/2（2g）
| 牛乳…25g
| マーマレード…40g
アーモンドダイス…30g

下準備
【生地作り】
＊卵は室温にもどす。
＊**B**の材料を合わせてドライイーストをふやかしておく。

【焼成】
＊オーブンを170℃に予熱する。
＊天板にオーブンシートを敷く。

作り方

生地作り

1 大きめのボウルに卵を割りほぐし、砂糖を一度に加えて泡立て器でよく混ぜる。
2 **A**を合わせてふるいながら加え、ゴムべらでボウルの底から生地を返すようにして、練らないように混ぜる。粉が見えなくなり、均一になったらOK。
3 **B**のイーストがすべてふやけているか確認してから**2**に加え、ゴムべらで均一になるまで混ぜる。
4 アーモンドダイスを加え、さっくりと混ぜる。
5 ラップの上に生地をのせ、8×9cmくらいの四角形にまとめてくるむ。

発酵

6 冷蔵庫に入れ、8時間〜3日間おいて発酵させる。

焼成

7 8時間ねかせたら、好みのタイミングで冷蔵庫から取り出し、天板にのせ、170℃のオーブンで25分焼く。ケーキクーラーにのせて、手でさわれる温度まで冷ます。
8 厚さ5mmにスライスして、天板に並べ、180℃に予熱したオーブンで20分焼き、ケーキクーラーなどにのせて冷ます。

きな粉と白ごまのビスコッティ

きな粉と白ごまを加えて和風に仕上げました。麦茶や日本茶に合わせてさっぱりといただける、ひと味違ったおいしさです。

シナモンのビスコッティ

シナモンの香りが食欲をそそるシンプルなビスコッティ。シナモントースト感覚でパン代わりに食べてもよさそう。

きな粉と白ごまのビスコッティ

材料（厚さ5mm、約3.5×9cmを15枚分）
卵…1個
砂糖…70g
A
| 薄力粉…120g
| きな粉…30g
B
| インスタントドライイースト…小さじ1/4 (1g)
| 水…30g
白炒りごま…30g

下準備
【生地作り】
＊卵は室温にもどす。
＊**B**の材料を合わせてドライイーストをふやかしておく。

【焼成】
＊オーブンを170℃に予熱する。
＊天板にオーブンシートを敷く。

作り方

> **生地作り**

1 大きめのボウルに卵を割りほぐし、砂糖を一度に加えて泡立て器でよく混ぜる。
2 **A**を合わせてふるいながら加え、ゴムべらでボウルの底から生地を返すようにして、練らないように混ぜる。粉が見えなくなり、均一になったらOK。
3 **B**のイーストがすべて水に沈んでいるか確認してから**2**に加え、ゴムべらで均一になるまで混ぜる。
4 白炒りごまを加え、さっくりと混ぜる。
5 ラップの上に生地をのせ、8×9cmくらいの四角形にまとめてくるむ。

> **発酵**

6 冷蔵庫に入れ、8時間〜3日間おいて発酵させる。

> **焼成**

7 8時間ねかせたら、好みのタイミングで冷蔵庫から取り出し、天板にのせ、170℃のオーブンで25分焼く。ケーキクーラーにのせて、手でさわれる温度まで冷ます。
8 厚さ5mmにスライスして、天板に並べ、180℃に予熱したオーブンで20分焼き、ケーキクーラーなどにのせて冷ます。

シナモンのビスコッティ

材料（厚さ5mm、約3.5×9cmを15枚分）
卵…1個
砂糖…70g
A
| 薄力粉…150g
| シナモンパウダー…小さじ1
B
| インスタントドライイースト…小さじ1/4 (1g)
| 水…30g

下準備
【生地作り】
＊卵は室温にもどす。
＊**B**の材料を合わせてドライイーストをふやかしておく。

【焼成】
＊オーブンを170℃に予熱する。
＊天板にオーブンシートを敷く。

作り方

> **生地作り**

1 大きめのボウルに卵を割りほぐし、砂糖を一度に加えて泡立て器でよく混ぜる。
2 **A**を合わせてふるいながら加え、ゴムべらでボウルの底から生地を返すようにして、練らないように混ぜる。粉が見えなくなり、均一になったらOK。
3 **B**のイーストがすべて水に沈んでいるか確認してから**2**に加え、ゴムべらで均一になるまで混ぜる。
4 ラップの上に生地をのせ、8×9cmくらいの四角形にまとめてくるむ。

> **発酵・焼成**

5 「きな粉と白ごまのビスコッティ」の**6〜8**を参照して発酵させ、焼成する。

PART 3

スコーン

少ない材料で作れるスコーンは、初めての人でも挑戦しやすいお菓子。
冷やしたバターを加えることと、
生地を混ぜるときに練らずにまとめるのが
おいしい食感に仕上げるポイントです。
発酵前に形を整え、焼く前にカットする方法なら
好みの個数に調整もできます。

基本のスコーン
▷作り方：P.58

基本のスコーン

バターやジャムとも相性のよいプレーン味は、パンの代わりに朝食にしても喜ばれます。
生地は前日に仕込んで、朝に切って焼くだけなら忙しいママもラクにできます。

材料（厚さ3cm、5cm角を6個分）
A
- 薄力粉…150g
- 砂糖…15g
- 塩…2g
- バター…50g

B
- インスタントドライイースト…小さじ1/2（2g）
- 牛乳…40g

下準備
【生地作り】
＊バターは1cm角くらいにカットして冷蔵庫で冷やす。
＊**B**の材料を合わせてドライイーストをふやかしておく。
　（牛乳にイーストを重ならないようにふり入れる）

【焼成】
＊オーブンを180℃に予熱する。
＊天板にオーブンシートを敷く。

作り方

生地作り

1. 粉類を混ぜる

大きめのボウルに**A**を入れ、カードで混ぜる。

2. バターを混ぜる

使う直前まで冷やしたバターを加える。

カードを縦に使って、バターを刻みながら練らないように、粉と混ぜる。

バターの大きな塊がなくなったら、指でバターをつぶして粉とすり混ぜる。

生地全体が黄色くなったら、混ぜ終わり。

3. ドライイーストを加える

Bのイーストがすべて牛乳に沈んでいるか確認する。
＊溶けないので水分を含んでいればOK。

ボウルにイーストを一気に加える。

カードで生地を半分取り、残りの生地に重ねる。これをくり返す。ぐるぐる混ぜたり練ってグルテンが出ないように注意。

粉っぽさがなくなったら、手で生地をまとめて四角形にする。

発酵

4. ラップにくるむ

ラップの上に生地をのせてふんわりとくるむ。めん棒で厚さ3cmになるように均一にのばす。

5. 冷蔵庫で発酵させる

冷蔵庫に入れ、8時間～10日間おいて発酵させる。

焼成

6. カットする

8時間ねかせたら、好みのタイミングで冷蔵庫から取り出す。
＊写真は一晩発酵させたもの。生地が硬くしっかりとしている状態。

ラップを外して6等分にカットする。

7. 焼く

180℃のオーブンで25分焼く。焼き上がったら、ケーキクーラーなどにのせて冷ます。カリッとした食感にしたい場合は、オーブンに入れたまま冷ます。

でき上がり

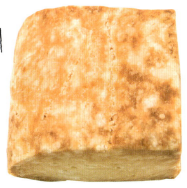

保存するときは、硬めの食感がよい場合は密閉容器に乾燥剤を入れて、ふんわり食感がよい場合はビニール袋に入れて常温で保存し、数日で食べきる。

チョコスコーン

生地を丸くまとめてから放射線状にカットして、扇形に焼き上げました。
チョコレートがたっぷり入った定番のスコーンです。

材料（厚さ3cm、1辺6cmの扇形を6個分）
A
| 薄力粉…150g
| 砂糖…15g
| 塩…2g
バター…50g
B
| インスタントドライイースト…小さじ1/2（2g）
| 牛乳…40g
ミルクチョコレート（市販）…1箱（40gくらい）

下準備
【生地作り】
＊バターは1cm角くらいにカットして冷蔵庫で冷やす。
＊Bの材料を合わせてドライイーストをふやかしておく。
＊チョコレートを適当な大きさにざっくりと刻む。

【焼成】
＊オーブンを180℃に予熱する。
＊天板にオーブンシートを敷く。

作り方

　生地作り

1　大きめのボウルにAを入れ、カードで混ぜる。
2　冷やしたバターを加え、カードを縦に使って、バターを刻みながら練らないように、粉と混ぜる。大きな塊がなくなったら、指でバターをつぶして粉とすり混ぜる。生地全体が黄色くなったら、混ぜ終わり。
3　Bのイーストがすべて牛乳に沈んでいるか確認して2に加える。カードで生地を半分取り、残りの生地に重ねる。これをくり返して混ぜる。まとまってきたらチョコレートを加える。練らないようにカードで混ぜる。均一になったら、手で生地をまとめて円形にする。
4　ラップの上に生地をのせてふんわりとくるむ。めん棒で厚さ3cmになるように均一にのばす。

　発酵

5　冷蔵庫に入れ、8時間～10日間おいて発酵させる。

　焼成

6　8時間ねかせたら、好みのタイミングで冷蔵庫から取り出し、ラップを外して6等分にカットする（**a**）。
7　180℃のオーブンで25分焼く。焼き上がったら、ケーキクーラーなどにのせて冷ます。カリッとした食感にしたい場合は、オーブンに入れたまま冷ます。

レモン&ココナッツスコーン

ほどよくローストされたトッピングのココナッツが香ばしいスコーン。
さわやかなレモン風味でさっぱりといただけます。

材料（直径約5cmのボール形を6個分）

A
- 薄力粉…150g
- 砂糖…15g
- 塩…2g

バター…50g

B
- インスタントドライイースト…小さじ1/2（2g）
- 牛乳…40g

レモン汁…1/2個分
ココナッツロング…25g

下準備

【生地作り】
* バターは1cm角くらいにカットして冷蔵庫で冷やす。
* Bの材料を合わせてドライイーストをふやかしておく。

【焼成】
* オーブンを180℃に予熱する。
* 天板にオーブンシートを敷く。

作り方

生地作り

1 大きめのボウルにAを入れ、カードで混ぜる。
2 冷やしたバターを加え、カードを縦に使って、バターを刻みながら練らないように、粉と混ぜる。大きな塊がなくなったら、指でバターをつぶして粉とすり混ぜる。生地全体が黄色くなったら、混ぜ終わり。
3 Bのイーストがすべて牛乳に沈んでいるか確認して、レモン汁とともに2に加える。カードで生地を半分取り、残りの生地に重ねる。これをくり返して混ぜる。まとまってきたら半量のココナッツロングを加え、練らないようにカードで混ぜる。
4 生地が均一になったら6等分にして、残りのココナッツロングを表面につけながら手で丸め（P.65参照）、保存容器に入れる。

発酵

5 冷蔵庫に入れ、8時間〜7日間おいて発酵させる。

焼成

6 8時間ねかせたら、好みのタイミングで冷蔵庫から取り出し、180℃のオーブンで25分焼く。焼き上がったら、ケーキクーラーなどにのせて冷ます。カリッとした食感にしたい場合は、オーブンに入れたまま冷ます。

ココナッツロング

ココナッツの実を乾燥させ、細長く切ったもの。ザクザクとした食感が楽しめるので、クッキーやケーキのトッピングに最適です。

ヨーグルトスコーン

ヨーグルトの風味でさわやかさをプラス。ヨーグルトは生地の発酵も助けてくれるから、ほろほろ、さくっと感が増して、食べやすい食感に仕上がります。

バナナチップスコーン

バナナチップのポリポリとした食感がアクセントに。噛みしめるほどにバナナの濃厚な甘さを感じられます。

バナナチップスコーン

材料（直径約5cmのボール形を6個分）

A
- 薄力粉…150g
- 砂糖…20g
- 塩…2g

ココナッツオイル…30g

B
- インスタントドライイースト…小さじ1/2（2g）
- 牛乳…45g

バナナチップ…40g

下準備

【生地作り】
* バナナチップは適当な大きさに手で割る。
* Bの材料を合わせてドライイーストをふやかす。

【焼成】
* オーブンを180℃に予熱する。
* 天板にオーブンシートを敷く。

作り方

【生地作り】

1. 大きめのボウルに**A**を入れ、カードで混ぜる。
2. ココナッツオイルを回し入れ（**a**）、泡立て器で混ぜる（**b**）。
3. **B**のイーストがすべて牛乳に沈んでいるか確認して**2**に加える。カードで生地を半分取り、残りの生地に重ねる。これをくり返して混ぜる。まとまってきたらバナナチップを加え、練らずにカードで混ぜる。
4. 生地が均一になったら、6等分にして手で丸め（**c**）、保存容器に入れる。

【発酵】

5. 冷蔵庫に入れ、8時間〜7日間おいて発酵させる。

【焼成】

6. 8時間ねかせたら、好みのタイミングで冷蔵庫から取り出し、180℃のオーブンで25分焼く。焼き上がったら、ケーキクーラーなどにのせて冷ます。カリッとした食感にしたい場合は、オーブンに入れたまま冷ます。

ヨーグルトスコーン

材料（厚さ3cm、5cm角を6個分）

A
- 薄力粉…150g
- 砂糖…20g
- 塩…2g

バター…30g

B
- インスタントドライイースト…小さじ1/2（2g）
- 牛乳…10g
- プレーンヨーグルト（砂糖不使用）…60g

下準備

【生地作り】
* バターは1cm角くらいにカットして冷蔵庫で冷やす。
* Bの材料を合わせてドライイーストをふやかす。

【焼成】
* オーブンを180℃に予熱する。
* 天板にオーブンシートを敷く。

作り方

【生地作り】

1. 大きめのボウルに**A**を入れ、カードで混ぜる。
2. 冷やしたバターを加え、カードを縦に使って、バターを刻みながら練らないように、粉と混ぜる。大きな塊がなくなったら、指でバターをつぶして粉とすり混ぜる。生地全体が黄色くなったら、混ぜ終わり。
3. **B**のイーストがすべてふやけているか確認して**2**に加える。カードで生地を半分取り、残りの生地に重ねる。これをくり返して混ぜる。均一になったら、手で生地をまとめて四角形にする。
4. ラップの上に生地をのせてふんわりとくるむ。めん棒で厚さ3cmになるように均一にのばす。

【発酵・焼成】

5. 「バナナチップスコーン」の**5**、**6**を参照して同様に発酵させて焼成する。
   * ただし、焼く前にラップを外して6等分にカットする。

チーズと黒こしょうのスコーン
作り方：P.68

甘酒のスコーン
▷作り方：P.69

チーズと黒こしょうのスコーン

チーズの香りとピリッと効かせた黒こしょうがポイント。
焼きたてを軽食代わりに、夜はお酒のおつまみにしても喜ばれる甘くないスコーンです。

材料（厚さ3cm、5cm角を6個分）

A
| 薄力粉…150g
| 砂糖…15g
| 塩…2g
| パルメザンチーズ（粉）…30g
| 粗びき黒こしょう…4g
オリーブオイル…40g

B
| インスタントドライイースト…小さじ1/2（2g）
| 牛乳…70g

下準備
【生地作り】
＊Bの材料を合わせてドライイーストをふやかしておく。

【焼成】
＊オーブンを180℃に予熱する。
＊天板にオーブンシートを敷く。

作り方

生地作り

1 大きめのボウルにAを入れ、カードで混ぜる。
2 オリーブオイルを回し入れ、泡立て器で混ぜる（P.65参照）。
3 Bのイーストがすべて牛乳に沈んでいるか確認して2に加える。カードで生地を半分取り、残りの生地に重ねる。これをくり返して混ぜる。均一になったら、手で生地をまとめて四角形にする。
4 ラップの上に生地をのせてふんわりとくるむ。めん棒で厚さ3cmになるように均一にのばす。

発酵

5 冷蔵庫に入れ、8時間〜7日間おいて発酵させる。

焼成

6 8時間ねかせたら、好みのタイミングで冷蔵庫から取り出し、ラップを外して6等分にカットする。
7 180℃のオーブンで25分焼く。焼き上がったら、ケーキクーラーなどにのせて冷ます。カリッとした食感にしたい場合は、オーブンに入れたまま冷ます。

甘酒のスコーン

甘みと水分がある甘酒のおかげで、使う材料はたった5つだけ。
甘酒の香りと甘さ、深みのある味わいがスコーンの生地に不思議と合います。

材料（厚さ3cm、5cm角を6個分）

A
| 薄力粉…150g
| 塩…2g
バター…30g
B
| インスタントドライイースト…小さじ1/2（2g）
| 甘酒…50g

下準備

【生地作り】
＊バターは1cm角くらいにカットして冷蔵庫で冷やす。
＊Bの材料を合わせてドライイーストをふやかしておく。

【焼成】
＊オーブンを180℃に予熱する。
＊天板にオーブンシートを敷く。

作り方

生地作り

1 大きめのボウルにAを入れ、カードで混ぜる。
2 冷やしたバターを加え、カードを縦に使って、バターを刻みながら練らないように、粉と混ぜる。大きな塊がなくなったら、指でバターをつぶして粉とすり混ぜる。生地全体が黄色くなったら、混ぜ終わり。
3 Bのイーストがすべて甘酒に沈んでいるか確認して2に加える。カードで生地を半分取り、残りの生地に重ねる。これをくり返して混ぜる。均一になったら、手で生地をまとめて四角形にする。
4 ラップの上に生地をのせてふんわりとくるむ。めん棒で厚さ3cmになるように均一にのばす。

発酵

5 冷蔵庫に入れ、8時間〜7日間おいて発酵させる。

焼成

6 8時間ねかせたら、好みのタイミングで冷蔵庫から取り出し、ラップを外して6等分にカットする。
7 180℃のオーブンで25分焼く。焼き上がったら、ケーキクーラーなどにのせて冷ます。カリッとした食感にしたい場合は、オーブンに入れたまま冷ます。

甘酒

甘酒は飲むだけでなく、砂糖や牛乳の代わりとしてお菓子にも使えます。つぶつぶ感のないものが向いていますが、いろいろなタイプがあるので好みで選んでください。

黒オリーブと
ドライトマトのスコーン

黒オリーブの塩気とドライトマトの酸味が絶妙でクセになるおいしさ。生地のつなぎにもオリーブオイルを使ったイタリアンな組み合わせが相性抜群です。

さつまいものスコーン

さつまいもの自然な甘みが感じられるスコーン。小さいお子さんのおやつなら、もう少し小さく丸めて作ってみてください。

さつまいものスコーン

材料（直径約5cmのボール形を6個分）

A
- 薄力粉…150g
- 砂糖…15g
- 塩…2g

バター…50g

B
- インスタントドライイースト…小さじ1/2（2g）
- 牛乳…30g

さつまいも…70g

下準備

【生地作り】

＊バターは1cm角くらいにカットして冷蔵庫で冷やす。

＊Bの材料を合わせてドライイーストをふやかす。

＊さつまいもは皮をむき、適当な大きさに切る。

【焼成】

＊オーブンを180℃に予熱する。

＊天板にオーブンシートを敷く。

作り方

> **生地作り**

1. さつまいもはゆでて水気をきる。
2. 大きめのボウルにAを入れ、カードで混ぜる。
3. 冷やしたバターを加え、カードを縦に使って、バターを刻みながら練らないように、粉と混ぜる。大きな塊がなくなったら、指でバターをつぶして粉とすり混ぜる。生地全体が黄色くなったら、混ぜ終わり。
4. Bのイーストがすべて牛乳に沈んでいるか確認して**3**に加える。カードで生地を半分取り、残りの生地に重ねる。これをくり返して混ぜる。まとまってきたら**1**を加え、カードで刻みながら練らずに混ぜる。
5. 生地が均一になったら6等分にして手で丸め、保存容器に入れる。

> **発酵**

6. 冷蔵庫に入れ、8時間〜5日間おいて発酵させる。

> **焼成**

7. 8時間ねかせたら、好みのタイミングで冷蔵庫から取り出し、180℃のオーブンで25分焼く。焼き上がったら、ケーキクーラーなどにのせて冷ます。カリッとした食感にしたい場合は、オーブンに入れたまま冷ます。

黒オリーブとドライトマトのスコーン

材料（直径約5cmのボール形を6個分）

A
- 薄力粉…150g
- 砂糖…15g
- 塩…2g

オリーブオイル…20g

B
- インスタントドライイースト…小さじ1/2（2g）
- 牛乳…40g

黒オリーブ（種なし）…30g、ドライトマト…20g

下準備

【生地作り】

＊Bの材料を合わせてドライイーストをふやかす。

【焼成】

＊オーブンを180℃に予熱する。

＊天板にオーブンシートを敷く。

作り方

> **生地作り・発酵・焼成**

1. 黒オリーブとドライトマトは粗みじん切りにする。
2. 大きめのボウルにAを入れ、カードで混ぜる。
3. オリーブオイルを回し入れ、泡立て器で混ぜる（P.65参照）。
4. Bのイーストがすべて牛乳に沈んでいるか確認して**3**に加える。カードで生地を半分取り、残りの生地に重ねる。これをくり返して混ぜる。まとまってきたら**1**を加え、練らないようにカードで混ぜる。
5. 生地が均一になったら6等分にして手で丸め、保存容器に入れる。
6. 「さつまいものスコーン」の**6**、**7**を参照して同様に発酵させて焼成する。

PART4

ドーナツ

ドーナツを揚げるいい香りがすると、おやつタイムが待ち切れません！
食感の違うふわふわタイプとカリカリタイプの2種類を紹介します。
油と相性のよい発酵生地だから、どちらもぜひ作ってみてください。

基本のカリカリドーナツ
▷作り方：P.76

基本のふわふわドーナツ
▷作り方：P.74

基本のふわふわドーナツ

ふっくらとふくらんだドーナツに、たっぷりまぶした粉糖。
スタンダードで間違いのないおいしさです。
ふわふわで軽い口当たりだから、ついもう1個、と手が伸びてしまいます。

材料（直径5〜6cmを6個分）

A
- 強力粉…70g
- 薄力粉…30g
- 砂糖…10g
- 塩…1g

B
- インスタントドライイースト…小さじ1/4（1g）
- 牛乳…65g

- バター…10g
- 揚げ油…適量
- 粉糖…適量

下準備

【生地作り】
* バターは室温にもどす。
* Bの材料を合わせてドライイーストをふやかしておく。
（牛乳にイーストを重ならないようにふり入れる）

【焼成】
* オーブンシートを6cm角に6枚カットする。

作り方

生地作り

1. 粉類とドライイーストを混ぜる

大きめのボウルにAを入れ、ゴムべらで混ぜる。Bのイーストがすべて牛乳に沈んでいるか確認し、ボウルに加える。
＊溶けないので水分を含んでいればOK。

ゴムべらでボウルの底から返すようにざっくりと混ぜる。

粉っぽさがなくなったら、手をグーの形に軽くにぎって、指先で生地を押す。生地を折っては押す、をくり返して3分ほどこねる。

2. バターを混ぜる

生地の上にバターをのせる。

生地を手でぎゅっとつかんで、バターを生地にもみ込む。

生地に光沢がなくなったら丸くまとめる。

| 発酵 | 焼成 |

3. 冷蔵庫で発酵させる

内側に太白ごま油、またはサラダ油（分量外）を塗ったビニール袋に入れ、袋の口をしばる。冷蔵庫に入れ、8時間〜3日間おいて発酵させる。
＊1日1回丸め直し、過発酵を防ぐ。

4. カットする

8時間ねかせたら、好みのタイミングで冷蔵庫から取り出す。
＊写真は2日間発酵させたもの。生地が硬くしっかりとしている状態。

こね台に粉をふって生地を置き、上から軽く押して丸く形を整える。包丁かスケッパーで6等分の目安をつける。

5. 成形する

6等分にカットしたら、切り口を上にして置く。

切り口を内側に入れるようにして、生地を合わせる。

生地の合わせ目をつまんでくっつけ、丸く形を整える。

台の上に置き、中央に指を入れて穴をあける。

反対側からも穴に指を入れ、生地をひっぱりながら回転させて穴を広げる。

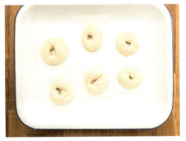

6枚に切ったオーブンシートにそれぞれのせ、常温に15分おいて発酵させる。

6. 揚げる

170℃の揚げ油に生地を下にして入れる。

片面4〜5分ずつ返しながらじっくり揚げ、途中でオーブンシートを取り除く。あみにとって油をきり、粗熱をとる。

\ でき上がり /

ドーナツが完全に冷めたら、粉糖をまぶす。袋に粉糖とドーナツを入れてふりまぜると簡単。ビニール袋に入れて常温で保存し、3日間を目安に食べきる。

基本のカリカリドーナツ

外はカリッと、中はぎゅっと生地が詰まったオールドファッションタイプのドーナツ。
型抜きした後の生地も小さく丸めて一緒に揚げると、ころんとしたミニドーナツのでき上がり。
ホームメイドならではの楽しみです。

材料（直径約6〜7cmを6個分）
バター…30g
砂糖…70g
卵…1個
バニラオイル…数滴
薄力粉…200g
A
　インスタントドライイースト…小さじ1（4g）
　牛乳…30g
揚げ油…適量

下準備
【生地作り】
＊バターは室温にもどすか、電子レンジで30秒くらい
　加熱してやわらかくする。
＊卵は室温にもどす。
＊**A**の材料を合わせてドライイーストをふやかしておく。
　（牛乳にイーストを重ならないようにふり入れる）

作り方

生地作り

1. バターと砂糖を混ぜる

大きめのボウルにバターを入れ、泡立て器で軽く混ぜる。バターがクリーム状にやわらかくなっていればOK。砂糖を一度に加えて、よく混ぜる。

2. 卵とバニラオイルを加えて混ぜる

卵を割り入れ、よく混ぜる。

バニラオイルを数滴ふり入れ、混ぜ合わせる。

3. 薄力粉を混ぜる

薄力粉をふるいながら加える。ゴムべらで混ぜ、均一になったら混ぜ終わり。

4. ドライイーストを加える

Aのイーストがすべて牛乳に沈んでいるか確認してから加え、ゴムべらで混ぜる。
＊溶けないので水分を含んでいればOK。

粉っぽさがなくなり、全体が均一になったら混ぜ終わり。

発酵

5. 冷蔵庫で発酵させる

ラップの上に生地をのせ、適当な大きさにくるむ。冷蔵庫に入れ、8時間〜3日間おいて発酵させる。

焼成

6. 成形する

8時間ねかせたら、好みのタイミングで冷蔵庫から取り出す。
＊写真は2日間発酵させたもの。生地が硬くしっかりとしている状態。

ラップの間に生地をはさみ、めん棒で厚さ1.5cmにのばす。

あればドーナツ型で、なければコップなどを使って丸く型抜きする。

中央もお菓子の空き容器などを使って穴を抜く。

2回くらい生地をまとめ直してドーナツの型を抜き、残りの生地は小さく丸める。

7. 揚げる

170℃の揚げ油で、片面4〜5分ずつ返しながらじっくり揚げる。あみにとって油をきり、粗熱をとる。

＼でき上がり／

保存する場合はビニール袋に入れて常温で保存し、3日間を目安に食べきる。

カフェモカドーナツ

ふわふわ生地

丸い形もいいけれど、ツイスト＆アイシングをかけたドーナツだとお店みたいな仕上がりに。
どちらも意外と簡単だから、覚えておくとバリエーションが広がります。

材料 (長さ約12cmを7本分)

A
- 強力粉…70g
- 薄力粉…30g
- 砂糖…10g
- 塩…1g
- インスタントコーヒー…2g

B
- インスタントドライイースト…小さじ1/4（1g）
- 牛乳…65g

- バター…10g
- 揚げ油…適量

＜コーヒーアイシング＞
- インスタントコーヒー…2g
- 粉糖…40g
- 水…5〜10g

下準備

【生地作り】
* バターは室温にもどす。
* **B**の材料を合わせてドライイーストをふやかしておく。

【焼成】
* オーブンシートを5×12cmくらいの長方形に7枚カットする。
* コーヒーアイシングの材料を混ぜ合わせ、とろりとさせる。

作り方

生地作り

1. 大きめのボウルに**A**を入れ、ゴムべらで混ぜる。
2. **B**のイーストがすべて牛乳に沈んでいるか確認してから1に加え、ゴムべらでボウルの底から返すようにざっくりと混ぜる。粉っぽさがなくなったら、手の甲側の指先で生地を押す。生地を折っては押す、をくり返して3分ほどこねる。
3. 生地の上にバターをのせ、生地を手でぎゅっとつかんで、バターを生地にもみ込む。光沢がなくなったら四角形にまとめる。
4. 内側に太白ごま油、またはサラダ油（分量外）を塗ったビニール袋に入れ、袋の口をしばる。

発酵

5. 冷蔵庫に入れ、8時間〜3日間おいて発酵させる。
   ＊1日1回丸め直し、過発酵を防ぐ。

焼成

6. 8時間ねかせたら、好みのタイミングで冷蔵庫から取り出し、ラップの間に生地をはさみ、めん棒で厚さ1cmくらいにのばす。
7. 縦に7等分にカットし、両手で生地を転がして、ひも状にする（**a**）。中央をつまんで、2本を交差させて台に置き、左右の生地をさらに交差させる（**b**）。
8. 7枚に切ったオーブンシートにそれぞれのせ、常温に15分おいて発酵させる。
9. 170℃の揚げ油に生地を下にして入れ、片面4〜5分ずつ返しながらじっくり揚げ、途中でオーブンシートを取り除く。あみにとって油をきり、粗熱をとる。
10. ドーナツが冷めたら、片面にアイシングをつけて乾かす（**c**）。

a

b

c

お花のもちふわドーナツ

ふわふわ生地

白玉粉をプラスして、弾力のあるもちっとした食感にしました。
花の形＆アイシングで見た目もかわいいドーナツになって、子どもにも喜ばれそう。

材料 (6×6cmを4個分)

A
- 薄力粉…150g
- 白玉粉…100g
- 砂糖…50g
- 塩…1g

B
- インスタントドライイースト…小さじ1/4 (1g)
- 牛乳…170g

揚げ油…適量

＜アイシング＞
- 粉糖…40g
- 水…5〜10g

下準備

【生地作り】
* Bの材料を合わせてドライイーストをふやかしておく。

【焼成】
* オーブンシートを7cm角に4枚カットする。
* アイシングの材料を混ぜ合わせ、とろりとさせる。

作り方

生地作り

1. 大きめのボウルに**A**を入れ、ゴムべらで混ぜる。
2. **B**のイーストがすべて牛乳に沈んでいるか確認してから1に加え、ゴムべらでボウルの底から返すようにざっくりと混ぜる。粉っぽさがなくなったら、手の甲側の指先で生地を押す。生地を折っては押す、をくり返して3分ほどこね、四角形にまとめる。
3. 内側に太白ごま油、またはサラダ油（分量外）を塗ったビニール袋に入れ、袋の口をしばる。

発酵

4. 冷蔵庫に入れ、8時間〜3日間おいて発酵させる。
   ＊1日1回丸め直して、過発酵を防ぐ。

焼成

5. 8時間ねかせたら、好みのタイミングで冷蔵庫から取り出し、ラップの間に生地をはさみ、めん棒で厚さ1cmくらいにのばす。
6. 1.5cm角くらいに20個切り分け (**a**)、それぞれ両手ではさんで転がして丸める (**b**)。
7. 4枚に切ったオーブンシートの上に6をそれぞれ5個ずつ、花形に並べる。常温に15分おいて発酵させる (**c**)。
8. 170℃の揚げ油に生地を下にして入れ、片面4〜5分ずつ返しながらじっくり揚げ、途中でオーブンシートを取り除く。あみにとって油をきり、粗熱をとる。
9. ドーナツが冷めたら、片面にアイシングをつけて乾かす (P.79 参照)。

豆腐ドーナツ

ふわふわ生地

揚げパンのような素朴なドーナツは、生地に豆腐を練り込んだヘルシーな味わい。
甘さ控えめだから、甘さを足したい場合はきな粉に粉糖を多めに混ぜてください。

材料（5×3cmを6個分）

A
- 薄力粉…70g
- 強力粉…30g
- 砂糖…10g
- 塩…ひとつまみ

B
- インスタントドライイースト…小さじ1/4（1g）
- 水…10g

豆腐（絹ごし）…100g
揚げ油…適量

C
- きな粉…30g
- 粉糖…30g

下準備

【生地作り】
＊Bの材料を合わせてドライイーストをふやかしておく。

【焼成】
＊オーブンシートを5cm角に6枚カットする。
＊Cの材料を混ぜ合わせる。

作り方

生地作り

1. 大きめのボウルにAを入れ、ゴムべらで混ぜる。
2. Bのイーストがすべて水に沈んでいるか確認してから1に加え、ゴムべらでボウルの底から返すようにざっくりと混ぜる。水気をきった豆腐を加えて手でぎゅっとつかみ、生地にもみ込む。3分ほどこねたら、四角形にまとめる。
3. 内側に太白ごま油、またはサラダ油（分量外）を塗ったビニール袋に入れ、袋の口をしばる。

発酵

4. 冷蔵庫に入れ、8時間〜3日間おいて発酵させる。
   ＊1日1回丸め直して、過発酵を防ぐ。

焼成

5. 8時間ねかせたら、好みのタイミングで冷蔵庫から取り出し、ラップの間に生地をはさみ、めん棒で9×10cmくらいの四角形にのばす。
6. 横半分に切り、それを3等分して棒状にカットする。両手ではさんで転がして角をとる。
7. 6枚に切ったオーブンシートの上にそれぞれのせ、常温に15分おいて発酵させる。
8. 170℃の揚げ油に生地を下にして入れ、片面4〜5分ずつ返しながらじっくり揚げ、途中でオーブンシートを取り除く。あみにとって油をきり、粗熱をとる。
9. ドーナツが冷めたら、Cをまぶす。

ココアドーナツ

カリカリ生地

表面のカリカリ感とココアの風味が、ビタースイートで大人な味わい。
ミルクにもコーヒーにも合うドーナツです。

材料（直径5〜6cmを6個分）
バター…30g
砂糖…70g
卵…1個
バニラオイル…数滴
A
| 薄力粉…200g
| ココア（砂糖不使用）…10g
B
| インスタントドライイースト…小さじ1/2（2g）
| 牛乳…45g
揚げ油…適量

下準備
【生地作り】
＊バターは室温にもどすか、電子レンジで30秒くらい加熱してやわらかくする。
＊卵は室温にもどす。
＊Bの材料を合わせてドライイーストをふやかしておく。

作り方

生地作り

1 大きめのボウルにバターを入れ、泡立て器で軽く混ぜる。バターがクリーム状にやわらかくなっていればOK。
2 砂糖を一度に加えて、よく混ぜる。
3 卵とバニラオイルを加えて混ぜる。
4 Aをふるいながら加えてゴムべらで混ぜる。均一になったら混ぜ終わり。
5 Bのイーストがすべて牛乳に沈んでいるか確認してから4に加え、ゴムべらで均一になるまで混ぜる。
6 ラップの上に生地をのせ、適当な大きさにくるむ。

発酵

7 冷蔵庫に入れ、8時間〜3日間おいて発酵させる。

焼成

8 8時間ねかせたら、好みのタイミングで冷蔵庫から取り出し、ラップの間に生地をはさみ、めん棒で厚さ1.5cmにのばす。
9 コップなどを使って、丸く抜く。中央もお菓子の空き容器などを使って穴を抜く。2回くらい生地をまとめ直してドーナツ型に抜き、残りの生地は丸める。
10 170℃の揚げ油で、片面4〜5分ずつ返しながらじっくり揚げる。あみにとって油をきり、粗熱をとる。

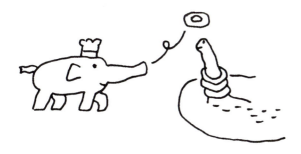

85

かぼちゃドーナツ

生地に混ぜ込んだかぼちゃの色が鮮やかなドーナツ。冷凍のかぼちゃを使う場合は、解凍してから皮をていねいに取り除いて使いましょう。

ごまドーナツ

和テイストのごまドーナツは、沖縄の名産品・サーターアンダギーのような仕上がり。たっぷり入った炒りごまが香ばしく、食欲をそそります。

かぼちゃドーナツ

カリカリ生地

材料 (4×4cmを12個分)
バター…30g
砂糖…70g
卵…1個
バニラオイル…数滴
薄力粉…200g
A
| インスタントドライイースト…小さじ1/2 (2g)
| 牛乳…30g
| かぼちゃ (冷凍でもOK) …80g
揚げ油…適量

下準備
【生地作り】
＊バターは室温にもどすか、電子レンジで30秒くらい加熱してやわらかくする。
＊卵は室温にもどす。
＊かぼちゃはゆでて皮を取り除き、フォークなどでつぶす。
＊**A**の材料を合わせてドライイーストをふやかしておく。

作り方

> **生地作り**

1 大きめのボウルにバターを入れ、泡立て器で軽く混ぜる。バターがクリーム状にやわらかくなっていればOK。
2 砂糖を一度に加えて、よく混ぜる。
3 卵とバニラオイルを加えて混ぜる。
4 薄力粉をふるいながら加えてゴムべらで混ぜる。均一になったら混ぜ終わり。
5 **A**のイーストがすべてふやけているか確認してから**4**に加え、ゴムべらで均一になるまで混ぜる。
6 ラップの上に生地をのせ、適当な大きさにくるむ。

> **発酵**

7 冷蔵庫に入れ、8時間～3日間おいて発酵させる。
＊1日1回丸め直して、過発酵を防ぐ。

> **焼成**

8 8時間ねかせたら、好みのタイミングで冷蔵庫から取り出し、ラップの間に生地をはさみ、めん棒で8×24cmくらいの四角形にのばす。
9 横半分に切り、さらに6等分にカットする。
10 170℃の揚げ油で、片面4～5分ずつ返しながらじっくり揚げる。あみにとって油をきり、粗熱をとる。

ごまドーナツ

カリカリ生地

材料 (4×2.5cmを12個分)
バター…30g
砂糖…70g
卵…1個
バニラオイル…数滴
A
| 薄力粉…200g
| 黒炒りごま…20g
B
| インスタントドライイースト…小さじ1/2 (2g)
| 牛乳…45g
揚げ油…適量

下準備
【生地作り】
＊バターは室温にもどすか、電子レンジで30秒くらい加熱してやわらかくする。
＊卵は室温にもどす。
＊**A**の材料を合わせて泡立て器で混ぜる。
＊**B**の材料を合わせてドライイーストをふやかす。

作り方

> **生地作り・発酵**

1 「かぼちゃドーナツ」の**1**～**7**を参照して同様に生地を作り、発酵させる。
＊ただし、薄力粉の代わりに**A**を、**5**で**B**のイーストを加える。

> **焼成**

2 8時間ねかせたら、好みのタイミングで冷蔵庫から取り出し、ラップの間に生地をはさみ、めん棒で8×15cmくらいの四角形にのばす。
3 横半分に切り、さらに6等分にカットする。
4 170℃の揚げ油で、片面4～5分ずつ返しながらじっくり揚げる。あみにとって油をきり、粗熱をとる。

PART5

パンケーキ

発酵生地ならではのもちっとした食感が魅力のパンケーキ。
薄く焼けばクレープに、油で揚げればドーナツになって、
アレンジ自在なところもうれしいポイントです。
フライパンで作れて、食べると幸せな気分になる、
みんな大好きな定番おやつです。

基本のパンケーキ
▷作り方：P.90

基本の パンケーキ

生地をじっくり発酵させるので、通常のパンケーキにくらべて
ふわふわ＋もちっとした食感に仕上がります。
焼きたての生地にバターやメープルシロップを合わせて、
まずは王道のおいしさを実感してください。

材料（直径10cm×5枚分）

A
- 薄力粉…150g
- 強力粉…50g
- 砂糖…20g

卵…1個

B
- インスタントドライイースト…小さじ1/2（2g）
- 牛乳…200g

バター…15g
バター、メープルシロップ…各適量

下準備
【生地作り】
* 卵は室温にもどす。
* Bの材料を合わせてドライイーストをふやかしておく。

Bの牛乳にイーストを重ならないようにふり入れる。

作り方

【生地作り】

1. 粉類を混ぜる

大きめのボウルにAを入れ、泡立て器で混ぜる。

2. 卵を混ぜる

卵を割り入れ、よく混ぜる。

3. ドライイーストを加える

Bのイーストがすべて牛乳に沈んでいるか確認してから1/3量を加えて、よく混ぜる。
＊溶けないので水分を含んでいればOK。

牛乳が見えなくなったら、さらに1/3量のBを加えてよく混ぜる。

同様に牛乳が見えなくなったら残りのBを加えてよく混ぜる。

4. バターを混ぜる

バターを電子レンジで加熱し、溶かしバターにして加える。ざっくりと混ぜてバターが見えなくなればOK。

5. 冷蔵庫で発酵させる

6. 焼く

深さのある保存容器に入れ、ふたをする。冷蔵庫に入れ、8時間〜3日間おいて発酵させる。

8時間ねかせたら、好みのタイミングで冷蔵庫から取り出す。
＊写真は一晩発酵させたもの。

フライパンを中火で熱してバター（分量外）を入れ、生地をお玉ですくって丸く落とす。

表面に穴があいてきたら、裏返して両面焼く。お皿に盛りつけ、好みでバターやメープルシロップをかけていただく。

パンケーキの生地をドーナツにアレンジ！

気分を変えたいときは、同じ生地を油で揚げてドーナツにするのもおすすめ。普通のドーナツよりもやわらかい生地なので、スプーンですくって油に落とすドロップタイプです。味や食感の違いをくらべてみてください。

材料
好みのパンケーキ生地…適量
揚げ油…適量

作り方
発酵させたパンケーキ生地をスプーンなどですくって、170℃の揚げ油に入れる。生地を返しながら片面4〜5分ずつじっくり揚げ、あみにとって油をきり、粗熱をとる。

\ CHECK! /

パンケーキ生地は冷蔵庫で3日間保存できますが、過発酵を防ぐために1日1回スプーンでかき混ぜ、なるべく早めに使ってください。

ココアパンケーキ

ココア味のパンケーキにホイップクリームとナッツをたっぷりトッピング。見た目も盛り上がる、特別感のあるパンケーキです。

材料（直径10cm×5枚分）

A
- 薄力粉…150g
- 強力粉…50g
- 砂糖…20g
- ココア（砂糖不使用）…10g

卵…1個

B
- インスタントドライイースト…小さじ1/2（2g）
- 牛乳…200g

バター…15g

【トッピング】
ホイップクリーム（市販）、くるみ…各適量

下準備
【生地作り】
* 卵を室温にもどす。
* **B**の材料を合わせてドライイーストをふやかしておく。

作り方

生地作り

1. 大きめのボウルに**A**を入れ、泡立て器で混ぜる。
2. 卵を割り入れ、泡立て器でぐるぐると混ぜる。
3. **B**のイーストがすべて牛乳に沈んでいるか確認する。**B**を1/3量ずつ加えて、そのつどよく混ぜる。
4. バターを電子レンジで加熱し、溶かしバターにして加える。ざっくりと混ぜてバターが見えなくなればOK。
5. 保存容器に入れ、ふたをする。

発酵

6. 冷蔵庫に入れ、8時間～3日間おいて発酵させる。
   *1日1回スプーンでかき混ぜ、過発酵を防ぐ。

焼成

7. 8時間ねかせたら、好みのタイミングで冷蔵庫から取り出し、焼く前に生地をかき混ぜる。フライパンを中火で熱してバター（分量外）を入れ、生地をお玉ですくって丸く落とす。表面に穴があいてきたら、裏返して両面焼く。
8. 器に盛り、ホイップクリームをしぼり、刻んだくるみをちらす。